BEI GRIN MACHT SICH IHR WISSEN BEZAHLT

- Wir veröffentlichen Ihre Hausarbeit,
  Bachelor- und Masterarbeit

- Ihr eigenes eBook und Buch -
  weltweit in allen wichtigen Shops

- Verdienen Sie an jedem Verkauf

Jetzt bei www.GRIN.com hochladen
und kostenlos publizieren

Erstellung eines individuellen Trainingsplans mit dem Schwerpunkt Beweglichkeits- und Koordinationstraining

Steffen Christmann

Bibliografische Information der Deutschen Nationalbibliothek:

Die Deutsche Nationalbibliothek verzeichnet diese Publikation in der Deutschen Nationalbibliografie; detaillierte bibliografische Daten sind im Internet über http://dnb.d-nb.de abrufbar.

ISBN: 9783346296733
Dieses Buch ist auch als E-Book erhältlich.

© GRIN Publishing GmbH
Nymphenburger Straße 86
80636 München

Druck und Bindung: Books on Demand GmbH, Norderstedt Germany
Gedruckt auf säurefreiem Papier aus verantwortungsvollen Quellen

Das Buch bei GRIN: https://www.grin.com/document/953783

Deutsche Hochschule für
Prävention und Gesundheitsmanagement
Hermann Neuberger Sportschule 3
66123 Saarbrücken

Einsendeaufgabe

Fachmodul:	Trainingslehre III
Studiengang:	Bachelor of Arts Sportökonomie
Datum Präsenzphase:	15.06. – 17.06.2020
Name, Vorname:	Christmann, Steffen
Studienort:	**Saarbrücken**
Semester:	**SS 18**

Inhaltsverzeichnis

1 Personendaten

Tab. 1: Persönliche Daten (eigene Darstellung)

Alter	27 Jahre
Geschlecht	weiblich
Körpergröße	174 cm
Körpergewicht	66 kg
Trainingsmotive	• Kompensation des täglichen Sitzens (bis zu 8h am Tag) • spürt Beweglichkeitsdefizite im Vergleich zu „früher" • möchte gelegentlich auftretenden Verspannungen entgegenwirken
berufliche Tätigkeit	Marketingbeauftragte in einem Pharmaunternehmen – vorwiegend sitzende Tätigkeit
aktuelle und frühere sportliche Aktivitäten	• aktuell: 1 - 2x in der Woche Handballtraining (je 2h) im Amateurbereich • früher: regelmäßiges Handballtraining während der Schulzeit, bis zu 3x in der Woche
zeitlicher Verfügungsrahmen	Die Person ist grundsätzlich dazu bereit täglich 20 – 30 Minuten vor der Arbeit oder am Feierabend in das Training zu investieren
orthopädische Probleme	keine
internistische Probleme	keine
Einnahme von Medikamenten	keine
sonstige Einschränkungen	Kundin hat bei höherer (läuferischer) Belastung wiederkehrende Krämpfe in den Waden.

Die junge Frau – nachfolgend die "Kundin" genannt – hat grundsätzlich keine gesundheitlichen Einschränkungen. Demnach ist sie als voll belastbar einzustufen. Dass bei höherer (läuferischer) Belastung vermehrt Krämpfe auftreten, schränkt das Beweglichkeits-/Koordinationstraining zunächst nicht ein, da die muskuläre Belastung hierbei vermutlich kaum in den Bereich steigt, in dem die Krämpfe auftreten. Die aufgekommenen Bewegungsdefizite in einigen Bereichen sind laut ihrer eigenen Aussage noch nicht besonders stark, zeigen sich jedoch im Vergleich zu früher doch eindeutig. Die gelegentlich auftretenden Verspannungen sind in ihrer Schwere, ebenfalls nach eigener Aussage der Kundin, nicht schwerwiegend und verschwinden nach einigen Tagen meist von selbst. Mit der nun anschließenden Beweglichkeitstestung werden die Beweglichkeitsdefizite herausgestellt. Erste Erfahrungen mit dem Thema „Dehnen" hat sie bereits in ihrer Jugendzeit beim Handball erfahren und koordinativ ist sie durch die jahrelange Ausübung ihres Sports ebenfalls solide ausgebildet.

2 Beweglichkeitstestung

Um die Beweglichkeit der Kundin zu testen, wird die Muskelfunktionsüberprüfung nach Janda (2000) angewendet. Folgende Muskelgruppen werden jeweils beidseitig getestet:

1) Brustmuskulatur (M. pectoralis major)
2) Hüftbeugemuskulatur (speziell M. iliopsoas)
3) Kniestreckmuskulatur (speziell M. rectus femoris)
4) Kniebeugemuskulatur (Mm. ischiocrurales)
5) Wadenmuskulatur (Mm. triceps surae)

Die folgende Tabelle erläutert das Testverfahren genauer:

Tab. 2: Beweglichkeitstestung (eigene Darstellung)

Getestete Muskulatur	Ausgangsposition/Bewertung/Ergebnis/Interpretation
M. pectoralis major	**Ausgangsposition:** Die Testung wird in Rückenlage durchgeführt. Das Becken wird fixiert, indem beide Beine angewinkelt und aufgestellt werden. Der zu testende Arm muss seitlich über die Liege herausragen können und wird im Schultergelenk abduziert und außenrotiert, während der Ellbogen im 90°-Winkel gebeugt wird. Der Tester fixiert den Thorax mit einem leichten Zug diagonal zur Testrichtung weg. Zu beachten ist, dass das Abheben des Beckens, sowie eine Hyperlordose in der Lendenwirbelsäule zu vermeiden sind. *Gemessen wird die Oberarmposition zur Horizontalen.* **Bewertung:** <ul><li>**Stufe 0:** Keine Beweglichkeitsdefizite – Oberarm erreicht die Horizontale, Oberarm kann durch den Tester unter die Horizontale bewegt werden</li><li>**Stufe 1:** Leichte Beweglichkeitsdefizite – Oberarm erreicht die Horizontale nicht, Oberarm kann durch den Tester in die Horizontale bewegt werden</li><li>**Stufe 2:** Deutliche Beweglichkeitsdefizite – Oberarm erreicht die Horizontale auch nicht mithilfe des Testers</li></ul> **Ergebnis:** Die Kundin erreicht auf beiden Seiten Stufe 0. **Interpretation:** Die Kundin weist keinerlei Bewegungsdefizite vor. Die erhöhte Beweglichkeit in der vorderen Brustmuskulatur könnte an dem jahrelangen Ausüben der Wurfbewegung beim Handball liegen. *Beim Beweglichkeitstraining muss kaum auf die Brustmuskulatur eingegangen werden.*

M. iliopsoas	**Ausgangsposition:** Die Testung wird in Rückenlage durchgeführt. Das Gesäß liegt am unteren Ende der Liege, so dass die Beine überhängen können. Die Kundin winkelt das nicht zu testende Bein maximal an den Körper an. Der Tester kann hierbei unterstützen. Das zu testende Bein befindet sich im Überhang. Zu beachten ist, dass eine Hyperlordose der Lendenwirbelsäule, sowie ein Abheben des Beckens vermieden werden. *Gemessen wird die Oberschenkelposition im Verhältnis zur Körperlängsachse (Hüftbeugewinkel).*

Bewertung:

- **Stufe 0:** Keine Beweglichkeitsdefizite – Oberschenkel erreicht die Horizontale, Oberschenkel kann durch den Tester unter die Horizontale bewegt werden
- **Stufe 1:** Leichte Beweglichkeitsdefizite – Oberschenkel erreicht die Horizontale nicht, Oberschenkel kann durch den Tester in die Horizontale bewegt werden; leichte Hüftbeugestellung
- **Stufe 2:** Deutliche Beweglichkeitsdefizite – Oberschenkel erreicht die Horizontale auch nicht mithilfe des Testers

Ergebnis: Die Kundin erreicht auf beiden Seiten Stufe 1.

Interpretation: Das leichte Bewegungsdefizit der Kundin ist sicherlich auf die bisherige Vernachlässigung der Hüftbeugemuskulatur zurückzuführen. ***Beim Beweglichkeitstraining muss zwar auf die hüftbeugende Muskulatur eingegangen werden, allerdings muss hier kein Schwerpunkt liegen.***

M. rectus femoris	**Ausgangsposition:** Die Testung wird in Rückenlage durchgeführt. Das Gesäß liegt am unteren Ende der Liege, so dass die Beine überhängen können. Die Kundin winkelt das nicht zu testende Bein selbstständig maximal an den Körper an. Dabei werden beide Arme zur Hilfe genommen. Das zu testende Bein befindet sich im Überhang. Der Tester fixiert das Bein im maximal möglichen Hüftextensionswinkel. Anschließend führt der Tester das Bein in den maximal möglichen Kniebeugewinkel. Zu beachten ist, dass eine Hyperlordose der Lendenwirbelsäule, sowie das Abheben des Beckens vermieden werden. *Gemessen wird der Winkel zwischen Ober- und Unterschenkel (Kniebeugewinkel).*

Bewertung:

- **Stufe 0:** Keine Beweglichkeitsdefizite – Unterschenkel hängt senkrecht (90°) herab, Tester kann die Kniebeugung vergrößern
- **Stufe 1:** Leichte Beweglichkeitsdefizite – Unterschenkel erreicht sie Senkrechte nicht, Senkrechte wird nur durch den Tester erreicht
- **Stufe 2:** Deutliche Beweglichkeitsdefizite – Unterschenkel deutlich nach vorne gestreckt, Senkrechte wird auch durch den Tester nicht erreicht

Ergebnis: Die Kundin erreicht auf beiden Seiten Stufe 1.

Interpretation: Das leichte Bewegungsdefizit der Kundin ist zwar in Stufe 1, allerdings kaum auffällig. ***Beim Beweglichkeitstraining muss zwar auf die kniestreckende Muskulatur eingegangen werden, allerdings muss hier kein Schwerpunkt liegen.*** Mit einer Übung, welche regelmäßig durchgeführt wird, sollte es schnell möglich sein das Bewegungsdefizit zu beseitigen.

Mm. ischiocrurales	**Ausgangsposition:** Die Testung wird in Rückenlage durchgeführt. Das nicht zu testende Bein ist aufgestellt und somit im Hüft- und Kniegelenk flexiert. Das zu testende Bein wird nun bei vollständiger Knieextension vom Tester in die maximale Hüftflexion gebracht. Zu beachten ist, dass das getestete Bein an Oberschenkel und Unterschenkel nach oben geführt wird, damit das Knie selbst frei bleibt. Weiterhin sind eine Hyperlordose der Lendenwirbelsäule, sowie ein Abheben des Beckens zu vermeiden. *Gemessen wird der Winkel zwischen Beinachse und Longitudinalachse (Hüftbeugewinkel).* **Bewertung:** • **Stufe 0:** Keine Beweglichkeitsdefizite – Hüftgelenkflexion im Ausmaß von 90° möglich • **Stufe 1:** Leichte Beweglichkeitsdefizite – Hüftgelenkflexion im Ausmaß von 80° – 90° möglich • **Stufe 2:** Deutliche Beweglichkeitsdefizite – Hüftgelenkflexion im Ausmaß von unter 80° möglich **Ergebnis:** Die Kundin erreicht auf beiden Seiten Stufe 2. **Interpretation:** Das hier vorliegende Beweglichkeitsdefizit ist bei vielen Handballern zu beobachten. Durch das Bewegungsprofil der Sportart selbst wird vorrangig die vordere Oberschenkelmuskulatur beansprucht. Da die Kundin bisher nie gezielt an der hinteren Oberschenkelmuskulatur gearbeitet hat, ist das Beweglichkeitsdefizit nicht verwunderlich. ***Beim Beweglichkeitstraining muss verstärkt auf die hintere Oberschenkelmuskulatur eingegangen werden.***
Mm. triceps surae	**Ausgangsposition:** Die Testung wird auf einer Liege o.Ä. durchgeführt. Die Kundin befindet sich in Rückenlage und hat das nicht zu testende Bein angewinkelt und auf der Liege aufgestellt. Die untere Hälfte des zu testenden Beins ragt über die Liege hinaus. Bei gestrecktem Bein greift der Tester mit einer Hand distal am Fersenbein, mit der anderen Hand an die Fußaußenkante. Anschließend wird der Fuß an der Ferse zum Tester hingezogen (distalwärts), während die andere Hand den Fuß axial zum Schienbein in die maximal mögliche Dorsalextension gebracht wird. Zu beachten ist, dass der Zug an der Ferse nicht vernachlässigt werden darf. *Gemessen wird der Winkel der Dorsalextension.* **Bewertung:** • **Stufe 0:** Keine Beweglichkeitsdefizite – Dorsalextension bis mindestens 0°-Stellung möglich • **Stufe 1:** Leichte Beweglichkeitsdefizite – Dorsalextension möglich, 0°-Stellung wird allerdings nicht erreicht • **Stufe 2:** Deutliche Beweglichkeitsdefizite – Dorsalextension nur bis 10° unterhalb der 0°-Stellung möglich **Ergebnis:** Die Kundin erreicht auf beiden Seiten Stufe 2. **Interpretation:** Im Vorfeld beklagte sich die Kundin über auftretende Krämpfe im Unterschenkel bei höherer läuferischer Belastung. Bei der Testung der Wadenmuskulatur zeigte sich ein extremes Beweglichkeitsdefizit. Das Ergebnis war für die Kundin nur wenig überraschend. Möglicherweise besteht hier eine Korrelation zwischen den Krämpfen und dem Beweglichkeitsdefizit. Die Gründe hierfür könnten in der Sprungtechnik der Kundin liegen. Da sie beim Handball vermehrt springt, könnte eine unausgereifte Technik über Jahre hinweg zu diesen Problemen geführt haben. ***Beim Beweglichkeitstraining muss verstärkt auf die Wadenmuskulatur eingegangen werden.***

3 Trainingsplanung Beweglichkeitstraining

Tab. 3: Trainingsplanung des Beweglichkeitstrainings (eigene Darstellung)

Angesprochene Muskelgruppe(n)/Dehnmethode(n)	Ausgangsposition/Durchführung
	Ausgangsposition: Die Dehnung der ischiocruralen Muskulatur wird in Rückenlage ausgeführt. Ein Bein wird mit angewinkeltem Knie aufgestellt, während das andere Bein mit beiden Händen an der Oberschenkelrückseite zum Oberkörper gezogen wird.
Ischiocrurale Muskulatur – M. biceps femoris, M. semimembranosus, M. semitendinosus **postisometrische Dehnmethode**	**Durchführung:** Das an den Oberkörper gebeugte Bein wird aktiv im Kniegelenk extensiert. Die gedehnte Muskulatur (ischiocrurale Muskelgruppe) wird nun für 6 – 10 Sekunden kontrahiert. Darauf folgt eine 2 – 3 sekündige Pause, ehe der Dehnreiz wieder spürbar nach dem Prinzip von Hohmann, Lames & Letzelter (2002, S.100) hervorgerufen wird. Der Wechsel zwischen isometrischer Kontraktion und Dehnung wird insgesamt drei Mal durchgeführt und dauert insgesamt ca. 60 Sekunden.
Ischiocrurale Muskulatur – M. biceps femoris, M. semimembranosus, M. semitendinosus **passiv-statische Dehnmethode**	**Ausgangsposition:** Die Dehnung der ischiocruralen Muskulatur wird im Stand ausgeführt. Das Standbein ist leicht gebeugt und steht mit dem vollen Fuß auf dem Boden. Das zu dehnende Bein wird nach vorne gestreckt und hat mit der Ferse Bodenkontakt. Die beiden Oberschenkel sind parallel zueinander. Der Oberkörper ist nach vorne geneigt, sodass eine Hüftflexion entsteht. Das Gewicht ruht auf dem Standbein. **Durchführung:** Die Dehnung wird erreicht, indem das Becken nach hinten geschoben und der Oberkörper weiter nach vorne geneigt wird. Sobald die maximale Dehnung der hinteren Oberschenkelmuskulatur erreicht ist, wird die Position gehalten.
Wadenmuskulatur – Schwerpunkt M. gastrocnemius, M. soleus **passiv-dynamische Dehnmethode**	**Ausgangsposition:** Die Dehnung der Wadenmuskulatur wird im Stand durchgeführt. In einem Ausfallschritt ist das hintere Bein komplett gestreckt, der Fuß hat mit seiner kompletten Fläche Bodenkontakt. Das vordere Bein befindet sich in einer Kniegelenksflexion. Der Oberkörper ist leicht nach vorne gebeugt, der Blick nach vorne gerichtet und die Füße zeigen in die gleiche Richtung. Die Hände können auf dem vorderen Bein abgestützt werden. **Durchführung:** Nun wird der Körperschwerpunkt langsam nach vorne und wieder zurück verlagert. Bei der Verlagerung nach vorne-unten wird die Dorsalextension im hinteren Bein verstärkt. Das vordere Bein wird im Wechsel leicht gestreckt und gebeugt, um die Dehnung dynamisch durchzuführen.

Wadenmuskulatur – M. gastrocnemius, Schwerpunkt M. soleus **passiv-statische Dehnmethode**	**Ausgangsposition:** Die Dehnung der Wadenmuskulatur wird im Stand durchgeführt. In einem kleinen Ausfallschritt, sind sowohl das hintere, als auch das vordere Bein gebeugt. Beide Füße verbleiben während der Übung auf dem Boden. Die Ferse des hinteren Beins wird aktiv in den Boden gedrückt. Der Oberkörper ist leicht nach vorne geneigt. Die Blickrichtung geht nach vorne. **Durchführung:** Die Dehnung wird im hinteren Bein erreicht, indem der Körperschwerpunkt über die Hüfte nach vorne verschoben wird. In der maximalen Dehnung wird die Position gehalten.
Hüftbeugemuskulatur – speziell M. iliopsoas und M. rectus femoris **passiv-statische Dehnmethode**	**Ausgangsposition:** Die Dehnung der Hüftbeugemuskulatur wird im Kniestand durchgeführt. Das vordere Bein steht auf dem ganzen Fuß vor dem Oberkörper. Das Kniegelenk ist flexiert und steht axial zum Fußgelenk. Das hintere Bein liegt nach hinten gestreckt und mit seiner gesamten Fläche auf dem Boden auf. Die Hände können auf dem Oberschenkel des vorderen Beins abgelegt werden. Der Oberkörper bleibt möglichst aufrecht. **Durchführung:** Nun wird der Körperschwerpunkt langsam nach vorne unten verlagert, indem das Becken abgesenkt und nach vorne geschoben wird. Sobald eine Dehnung im Hüftbeuger zu spüren ist, wird die Position gehalten.
Kniestreckmuskulatur – speziell M. quadriceps femoris **passiv-dynamische Dehnmethode**	**Ausgangsposition:** Die Dehnung der Kniestreckmuskulatur erfolgt im Stand. Das Kniegelenk der zu dehnenden Seite wird, unter Zuhilfenahme der gleichseitigen Hand, so weit flexiert, dass die Ferse das Gesäß berührt. Wichtig hierbei ist, dass der Fuß knapp über dem Sprunggelenk gegriffen wird, um eine Überdehnung des Sprunggelenks zu vermeiden. Der freie Arm kann zur Stabilisierung des Gleichgewichts genutzt werden. Die Oberschenkel beider Beine sind parallel zueinander. Das Standbein ist leicht gebeugt. **Durchführung:** Die maximale Dehnung wird erreicht, in dem die Ferse maximal zum Gesäß herangezogen wird, während das Becken nach vorne kippt. Die Bewegung wird dynamisch ausgeführt, indem das Becken immer wieder langsam zurückkippt, so dass die Dehnung wieder schwächer wird.
Brustmuskulatur – speziell M. pectoralis major, M. biceps brachii und M. deltoideus pars clavicularis **aktiv-dynamische Dehnmethode**	**Ausgangsposition:** Die Dehnung der Brustmuskulatur wird im Stand durchgeführt. Die Hände werden mit den Handflächen zueinander zeigend hinter dem Rücken verschränkt. Der Oberkörper bleibt aufrecht, die Schultern während der Übung in neutraler Position. **Durchführung:** Die gestreckten Arme werden nach hinten-oben angehoben, bis eine Dehnung in der Brustmuskulatur zu spüren ist. Um die Übung dynamisch auszuführen, müssen die Arme langsam abgesenkt und anschließend wieder in die Dehnposition zurückgeführt werden.

Rückenmuskulatur – speziell M. latissimus dorsi und M. teres major **passiv-statische Dehnmethode**	**Ausgangsposition:** Die Dehnung der Rückenmuskulatur erfolgt kniend im Vierfüßlerstand. Die Handflächen werden mit gestreckten Armen schulterbreit auf den Boden gelegt. Das Kinn wird auf die Brust gezogen und der Bauch angespannt. **Durchführung:** Nun wird der Brustkorb nach vorneunten in Richtung Boden bewegt, bis die Dehnung im Bereich der Schulteraußenseite zu spüren ist.
Schulterblattfixatoren – speziell M. trapezius und Mm. rhomboidei **aktiv-statische Dehnmethode**	**Ausgangsposition:** Die Dehnung der Schulterblattfixatoren erfolgt im Stand. Die Hände werden gestreckt vor dem Körper in Schulterhöhe verschränkt. Die Schultern bleiben während der Übung in neutraler Position. **Durchführung:** Der Kopf wird nach vorne auf die Brust kippt, während gleichzeitig die Schultern nach vorne gezogen werden, bis die Dehnung erreicht ist. Diese Position wird gehalten.
Nackenmuskulatur – speziell M. trapezius pars descendens **aktiv-passiv-statische Dehnmethode**	**Ausgangsposition:** Die Dehnung der Nackenmuskulatur erfolgt im Stand. Der Kopf wird mit Blickrichtung nach vorne zur Seite geneigt. **Durchführung:** Die Dehnung wird erreicht, indem die Schulter, zu deren Seite der Kopf nicht geneigt ist, aktiv nach unten gezogen wird. Hierbei werden aktive und passive Dehnung miteinander kombiniert. Die Schulterblattdepression stellt den aktiven Teil, die Seitneigung des Kopfes unter Einfluss der Schwerkraft den passiven Teil dar.

Tab. 4: Belastungsparameter des Beweglichkeitstrainings (eigene Darstellung)

Häufigkeit	mindestens 4 mal pro Woche
Dauer (statische Übungen) in sec	45 Sekunden (60 Sekunden postisometrisch)
Wiederholungen (dynamische Übungen)	10
Sätze	3
Intensität	maximales Dehnen

Erklärung des Trainingsplans:

Die Auswahl der Übungen zielt zunächst auf die drastischen Schwächen der Kundin ab. Aufgrund der ungenügenden Ergebnisse beim Beweglichkeitstest in den Bereichen der ischiocruralen, sowie der Wadenmuskulatur, kommen jeweils zwei verschiedene Übungen vor, welche diese Muskelgruppen beanspruchen. Hier liegt der Fokus ganz klar auf der Verbesserung der Schwächen. Bei den beiden Übungen für die Wadenmuskulatur steht einmal der M. soleus und einmal der M. gastrocnemius im Vordergrund, um hierbei gezielter auf die beiden wichtigsten Muskeln dieser Muskelgruppe einzugehen. Die ischiocrurale Muskulatur wird einmal im Liegen und einmal im Stehen bedient, um die Varianz bei den Übungen der gleichen Muskelgruppe hochzuhalten und die Motivation der Kundin zu steigern. Außerdem lässt sich liegend die postisometrische Dehnmethode bei der ischiocruralen Muskulatur anwenden, welche einen besonderen Aufforderungs-charakter besitzt.

Die Dehnung der Hüftbeuge-/Kniestreck-/Brust- und Nackenmuskulatur soll den negativen Folgen des langen täglichen Sitzens entgegenwirken.

Die Dehnung der Rücken- und Nackenmuskulatur, sowie der Schulterblattfixatoren sind in den Trainingsplan aufgenommen, um die Verspannungen im Rückenbereich zu lindern.

Da die Kundin aufgrund ihrer sportlichen Vorerfahrungen nicht als Anfängerin einzustufen ist, muss sie das Dehnprogramm mindestens 4 mal in der Woche absolvieren, um das Ausmaß an Beweglichkeit zu verbessern (Rancour, Holmes & Cipriani, 2009). Die Dehndauer der statischen Übungen braucht 45 Sekunden nicht zu überschreiten, da eine Überschreitung dieser Dauer laut Schönthaler & Ohlendorf (2002) keinen weiteren Nutzen bringt. Die Wiederholungsanzahl richtet sich nach einer Untersuchung von Glück (2005), welche aufzeigt, dass nach 10 maximalen dynamischen Dehnungen keine Erhöhung der Bewegungsreichweite erzielt wird. Die Anzahl der Sätze bleibt zunächst bei drei, damit im Dehnprogramm selbst die Anzahl der Sätze zu einem späteren Zeitpunkt erhöht werden kann, um eine Progression zu erreichen. Da die Bewegungsamplitude am effektivsten mit dem Prinzip der maximalen Dehnung vergrößert werden kann (Marschall, 1999), wurde diese Dehnintensität für den Trainingsplan gewählt.

4 Trainingsplanung Koordinationstraining

Das Koordinationstraining – mit dem Schwerpunkt des Gleichgewichtstrainings – für die Kundin findet aufgrund ihrer guten körperlichen Verfassung, sowie ihres aktuellen Trainingszustands, in Form eines propriozeptiven Trainings statt. Propriozeptives Training bedient nach Häfelinger & Schuba (2007, S. 21) neben der Gleichgewichtsfähigkeit auch die Anpassungs-/Reaktionsfähigkeit. Die Grundsätze des folgenden Koordinationstrainings und dessen methodischer Aufbau beziehen sich auf Chwilkowski (2006, 60 ff.) und Häfelinger & Schuba (2007, S. 61):

a) Das propriozeptive findet immer im ermüdungsfreien Zustand statt

b) Die Fuß-, Knie-, Hüft- und Wirbelsäulenstellung muss immer besonders beachtet und sollte stets korrekt eingehalten werden

c) Die Qualität der Bewegungsausführung ist das oberste Ziel

d) Die Progression erfolgt vom Leichten zum Schweren, vom Statischen zum Dynamischen, vom Einfachen zum Komplexen

e) Die Gesamttrainingsdauer überschreitet 45 Minuten nicht

Ergänzend hinzu kommt die Modellierung des kurzen Fußes nach Janda (Häfelinger & Schuba, 2007, S. 64). Das bedeutet Folgendes:

a) Die Übungen werden barfuß durchgeführt

b) Der Fuß ist immer gleichmäßig auf der Ferse, dem äußeren Fußrand, sowie dem Vorfuß belastet (Dreipunktstand)

c) Die Zehen werden gespreizt und das Fußgewölbe hochgezogen, ohne dabei mit den Zehen zu krallen

In der folgenden Tabelle wird die methodische Übungsreihe aufgeführt. Alle Übungen werden aufgrund des Trainingszustandes der Kundin einbeinig durchgeführt. Zusätzliches Material wird in Form eines prellbaren Balls, sowie eines Airex-Kissens benötigt. Die Kundin hat beides in ihrem persönlichen Besitz. Die jeweiligen Erklärungen zur Übung selbst, bzw. der Progression ist ebenfalls in der Tabelle zu finden. Nach jedem Durchgang pro Bein hat die Kundin 15 Sekunden Zeit das Bein zu wechseln.

Tab. 5: Trainingsplanung des Koordinationstrainings (eigene Darstellung)

Übung/Sätze/Wiederholungen	Beschreibung/Erklärung
1) Einbeinstand: 2 x 30 Sekunden pro Bein im Wechsel (2 Minuten Nettoübungszeit)	*Die folgende Beschreibung des Einbeinstands stellt die Basis für alle weiteren Teile der Übungsreihe dar:* Ein Bein wird mit angewinkeltem Kniegelenk leicht vom Boden angehoben. Dieses Bein soll den Boden während der Übungszeit möglichst nie berühren. Das Standbein ist leicht angewinkelt. Das Becken wird in neutraler Position gehalten. Die Arme sind zur Seite abgespreizt (Die Kundin kann hier selbstständig variieren und die Armpositionen verändern). Der Oberkörper ist gerade aufgerichtet, der Blick geht geradeaus.
2) Einbeinstand mit Schwingen des Spielbeins und gegenläufigem Schwingen der Arme: 2 x 12 Wiederholungen pro Bein im Wechsel (ca. 30 Sekunden) (ca. 2 Minuten Nettoübungszeit)	Aus dem stabilen Einbeinstand heraus wird das Spielbein vorwärts und rückwärts geschwungen. Die Arme schwingen dabei gegenläufig mit. Wenn das Spielbein also nach vorne schwingt, schwingen die Arme nach hinten. Schwingt das Spielbein nach hinten, schwingen die Arme nach vorne. Die Progression findet hier vom statischen zum dynamischen statt.
3) Einbeinstand mit Ball halten und Seitenwechsel über dem Kopf: 2 x 12 Wiederholungen pro Bein im Wechsel (ca. 45 Sekunden) (ca. 3 Minuten Nettoübungszeit)	Der Ball wird mit ausgestrecktem Arm seitlich des Körpers gehalten. Aus dem stabilen Einbeinstand heraus wird der Ball über dem Kopf mit gestreckten Armen übergeben. Der Ball wird auf der anderen Seite des Körpers heruntergeführt und stabilisiert. Der Ball wird langsam übergeben. Die Progression findet hier durch die zusätzliche Teilbewegung der Arme statt. Das Gleichgewicht muss trotz zusätzlicher Bewegung der oberen Extremitäten gehalten werden. Der Organisationsdruck (Neumaier & Mechling, 1994) wird erhöht.
4) Einbeinstand mit Ball prellen: 2 x 30 Sekunden pro Bein im Wechsel (2 Minuten Nettoübungszeit)	Der Ball wird aus dem stabilen Einbeinstand heraus geprellt. Da die Kundin das Prellen gut beherrscht, kann sie selbstständig variieren. Folgende Variationsmöglichkeiten wurden ihr an die Hand gegeben: Hand wechseln beim Prellen, alternierend prellen, um den Körper prellen, mit verschiedenen Frequenzen prellen. Die Progression findet hier durch das Prellen selbst statt, welches die kinästhetische Differenzierungsfähigkeit anspricht. Dies war ausdrücklicher Wunsch der Kundin, da sie auch beim Koordinationstraining einen direkten Bezug zu ihrer Sportart haben möchte.
5) Einbeinstand auf dem Airex-Kissen: 2 x 30 Sekunden pro Bein im Wechsel; Pause von 45 Sekunden vor dem zweiten Durchgang (2 Minuten Nettoübungszeit)	Siehe 1) Zusätzlich: Das Airex-Kissen stellt eine instabile Standfläche dar. Dadurch wird das Gleichgewicht zusätzlich gestört und es fällt schwerer das Gleichgewicht zu halten.
6) Einbeinstand auf dem Airex-Kissen mit Schwingen des Spielbeins und gegenläufigem Schwingen der Arme: 2 x 12 Wiederholungen pro Bein im Wechsel (ca. 30 Sekunden); Pause von 45 Sekunden vor dem zweiten Durchgang (ca. 2 Minuten Nettoübungszeit)	Siehe 2) Zusätzlich: Der instabile Untergrund stellt ein Hindernis dar, welches die Bewegungsqualität erschwert.

7) Einbeinstand auf dem Airex-Kissen mit Ball halten und Seitenwechsel über dem Kopf: 2 x 12 Wiederholungen pro Bein im Wechsel (ca. 45 Sekunden); Pause von 45 Sekunden vor dem zweiten Durchgang (ca. 3 Minuten Nettoübungszeit)	Siehe 3) Zusätzlich: Der instabile Untergrund stellt ein Hindernis dar, welches die Bewegungsqualität erschwert.
8) Einbeinstand auf dem Airex-Kissen mit Ball prellen: 2 x 30 Sekunden pro Bein im Wechsel; Pause von 45 Sekunden vor dem zweiten Durchgang (2 Minuten Nettoübungszeit)	Siehe 4) Zusätzlich: Der instabile Untergrund stellt ein Hindernis dar, welches die Bewegungsqualität erschwert.
9) Einbeinstand auf dem Airex-Kissen mit geschlossenen Augen: 2 x 30 Sekunden pro Bein im Wechsel; Pause von 45 Sekunden vor dem zweiten Durchgang (2 Minuten Nettoübungszeit)	Siehe 1) Zusätzlich: Der instabile Untergrund stellt ein Hindernis dar, welches die Bewegungsqualität erschwert. Ein weiteres Hindernis stellt die fehlende visuelle Kontrolle dar. Diese Progression wird durch das Schließen der Augen erreicht.
10) Einbeinstand auf dem Airex-Kissen mit geschlossenen Augen und mit Ball prellen: 2 x 30 Sekunden pro Bein im Wechsel; Pause von 45 Sekunden vor dem zweiten Durchgang (2 Minuten Nettoübungszeit)	Siehe 4) Zusätzlich: Der instabile Untergrund stellt ein Hindernis dar, welches die Bewegungsqualität erschwert. Durch das Schließen der Augen fehlt die visuelle Kontrolle. Dadurch wird das Prellen stark erschwert, da die Kundin nicht sehen kann, wo der Ball hinspringt.

Tab. 6: Belastungsparameter des Koordinationstrainings (eigene Darstellung)

Nettotrainingsdauer	22 Minuten
Gesamttrainingsdauer	40 – 45 Minuten
Trainingshäufigkeit	3 x pro Woche
Sätze	jeweils 2 pro Bein
Haltedauer (bei Übungen auf Zeit)	30 Sekunden
Wiederholungen (bei Übungen auf Wiederholungen)	12 Wiederholungen
Pausendauer	15 Sekunden (beim Beinwechsel); 45 Sekunden zwischen den Übungen

5 Literaturrecherche – Effekte des Dehnens im Hinblick auf eine Verbesserung der sportlichen Leistungsfähigkeit

Tab. 7: Studie: Zum kurzfristigen Einfluss statischer Dehnungen auf die Kraftausdauerleistung (eigene Darstellung)

Wer hat die Studien durchgeführt?	Reint Janssen & Martin Hillebrecht
In welchem Jahr wurden die Studien publiziert?	2010
Welche Forschungsfrage wurde untersucht?	Inwieweit wirken sich statische Dehnungen auf die Kraftausdauerleistung aus?
Mit welchen Versuchspersonen wurden die Studien durchgeführt?	22 Sportstudierende (davon 15 männliche und 7 weibliche) Die folgenden Angaben entsprechen dem jeweiligen Mittelwert: Männer: (n = 15) Alter (**in Jahren**): **25,2** Körpergröße (**in cm**): **181,6** Körpergewicht (**in kg**): **81,5** Frauen: (n = 7) Alter (**in Jahren**): **23,1** Körpergröße (**in cm**): **170** Körpergewicht (**in kg**): **68,7** Gesamt: (n = 22) Alter (**in Jahren**): **24,5** Körpergröße (**in cm**): **177,9** Körpergewicht (**in kg**): **77,5**
Wie sah der Versuchsaufbau der Studien aus?	- Voruntersuchung zur Bestimmung der Maximalkraftwerte bezüglich der beinstreckenden Muskulatur - Kraftausdauerleistung wird am Versuchstag an einer 45°-Beinpresse getestet; 24 Wiederholungen werden mit 40% des individuellen Maximalkraftwertes durchgeführt - Im Anschluss führte die Dehngruppe (DG) in der 30-minütigen Pause ein statisches Dehnprogramm mit 6 Übungen für die unteren Extremitäten durch, während die Kontrollgruppe (KG) eine 30-minütige inaktive Pause durchführt. - Die DG hält bei jeder Übung die maximal erträgliche Dehnposition für 15 Sekunden - Danach erfolgt ein erneuter Kraftausdauertest mit 24 Wiederholungen mit 40% des individuellen Maximalkraftgewichts
Welche relevanten Ergebnisse und Schlussfolgerungen lieferten die Studien?	Es treten zwar keine Veränderungen beim jeweiligen realisierten Kraftmaximum zwischen DG und KG auf, allerdings verringert sich die Impulssumme, welches als Kriterium der Kraftausdauer herangezogen wird, ganz erheblich. Die Verringerung bei der DG beträgt 3,3%, während er bei der KG bei 0,8% liegt. **Folge:** Statisches Dehnen kann sich kurzfristig negativ auf die Kraftausdauerleistung und damit auch auf die Maximalkraftleistung auswirken.

Tab. 8: Studie: Die Auswirkungen von statischem und dynamischem Dehnen auf die "Sprung-höhe", die "10-Yards-Zeit" und die "40-Yards-Zeit" (eigene Darstellung)

Wer hat die Studien durchgeführt?	Grätz, Michael
In welchem Jahr wurden die Studien publiziert?	2010
Welche Forschungsfrage wurde untersucht?	Inwiefern beeinflusst das Aufwärmverhalten in Form von statischem oder dynamischem Dehnen die sportliche Leistung positiv oder negativ?
Mit welchen Versuchspersonen wurden die Studien durchgeführt?	20 männliche Footballspieler der österreichischen Division I der unterschiedlichsten Spielerpositionen Die folgenden Angaben entsprechen dem jeweiligen Mittelwert: Alter (**in Jahren**): **24,5 ± 5,8** Größe (**in cm**): **180,95 ± 6,7** Körpergewicht (**in kg**): **91,95 ± 18,5**
Wie sah der Versuchsaufbau der Studien aus?	- Die Probanden wurden ausdrücklich aufgefordert, innerhalb der letzten 24 Stunden keine anstrengenden Tätigkeiten für die unteren Extremitäten durchzuführen - 2 randomisierte Gruppen; Cross-Over-Design; zwei Testungen, 4 – 7 Tage Pause zwischen den Testtagen, eine Gruppe dehnt statisch, die andere dynamisch; Wechsel der Dehnart nach einer Woche; 10 Minuten Jog-Warm-Up für jede Gruppe vor dem Dehnen - Das statische Stretchingprogramm besteht aus 6 statischen Dehnübungen, welche zwei Mal pro Seite für 30 Sekunden unter Unwohlsein gehalten werden muss - Das dynamische Stretchingprogramm besteht aus 6 dynamischen Übungen, welche 1 – 2 Mal auf einer Strecke von 10 – 20 Metern ausgeführt werden müssen - Nach jedem Dehnprogramm hat der Proband zwei Minuten Zeit den ersten Counter-Movement-Jump durchzuführen; jeder Proband hat 3 Versuche, der beste Sprungversuch wird gewertet; Messung mittels Kraftmessplatte; 45 Sekunden Pause nach jedem Sprungversuch - Nach den Sprüngen wurden jeweils drei Sprintzeiten auf 10-Yards, sowie 40-Yards gemessen; der beste Versuch wird gewertet; Messung mittels Lichtschranken; 5 Minuten Pause nach jedem Sprint
Welche relevanten Ergebnisse und Schlussfolgerungen lieferten die Studien?	Weder bei den 10-Yards, noch bei den 40-Yards konnte ein signifikanter Unterschied zwischen statischem oder dynamischem Dehnen festgestellt werden. Allerdings verbesserte sich die Sprungleistung beim Counter-Movement-Jump beim dynamischen Dehnen um im Durschnitt 2,2 cm. **Folge:** Vor einer explosiven und schnellkräftigen sportlichen Belastung sollte ein dynamisches Dehnen durchgeführt werden. Je kürzer vor dem Wettkampf dynamisch gedehnt wird, desto positiver können sich die Effekte auf die Sprunghöhe auswirken.

6   Literaturverzeichnis

Chwilkowski, C. (2006). *Medizinisches Koordinationstraining – Verbesserung der Haltungs- und Bewegungskoordination durch Propriozeption* (2. Aufl.), Köln: Deutscher Trainer Verlag.

Glück, S. (2005). *Beeinflussung der Beweglichkeit durch unterschiedliche physische und psychische Einwirkungen.* Dissertation. Universität des Saarlandes, Saarbrücken.

Grätz, M. (2010). *Die Auswirkungen von statischem und dynamischem Dehnen auf die "Sprunghöhe", die "10-Yards-Zeit" und die "40-Yards-Zeit".* Dissertation. Universität Wien. Wien

Häfelinger, U. & Schuba, V. (2007). *Koordinationstherapie – propriozeptives Training* (Wo Sport Spaß macht, 3. überarb. Aufl.). Aachen: Meyer & Meyer.

Hohmann, A., Lames, M. & Letzelter, M. (2002). *Sportmedizin. Grundlagen für Arbeit, Training und Präventivmedizin* (4. Aufl.). Stuttgart: Schattauer

Janda, V. (2000). *Manuelle Muskelfunktionsdiagnostik* (4. Aufl.). München: Urban & Fischer.

Janssen, R. & Hillebrecht, M. (2010). Zum kurzfristigen Einfluss statischer Dehnungen auf die Kraftausdauerleistung. *Leipziger Sportwissenschaftliche Beiträge, 51* (1), 65-87.

Marschall, F. (1999). Wie beeinflussen unterschiedliche Dehnintensitäten kurzfristig die Veränderung der Bewegungsreichweite? *Deutsche Zeitschrift für Sportmedizin, 50* (1), 5-9.

Neumaier, A. & Mechling, H. (1994). Taugt das Konzept „koordinativer Fähigkeiten" als Grundlage für sportartspezifisches Koordinationstraining? In P. Blaser, K. Witte & C. Stucke (Hrsg.), *Steuer- und Regelvorgänge der menschlichen Motorik* (S. 93 – 105). Sankt Augustin: Academia.

Rancour, J., Holmes, C. F. & Cipriani, D. J. (2009). The effects of intermittent stretching following a 4-week static stretching protocol: a randomized trial. *Journal of strength and conditioning research / National Strength & Conditioning Association, 23* (8), 2217-2222.

Schönthaler, S. R. & Ohlendorf, K. (2002). *Biomechanische und neurophysiologische Veränderungen nach ein- und mehrfach seriellem passiv-statischem Beweglichkeitstraining* (Wissenschaftliche Berichte und Materialien / Bundesinstitut für Sportwissenschaft, 1. Aufl.). Köln: Sport und Buch Strauß.

7 Tabellenverzeichnis

7.1 Tabellenverzeichnis